654 1520

# AUX OUVRIERS.

## FAUT-IL NOMMER LOUIS-NAPOLÉON

### PRÉSIDENT DE LA RÉPUBLIQUE?

Prix : 5 centimes.

# PARIS

MARTINON, RUE DU COQ SAINT-HONORÉ, 5

1848

Paris. — Imprimé par Plon frères, 36, rue de Vaugirard.

# AUX OUVRIERS.

## FAUT-IL NOMMER LOUIS-NAPOLÉON

### PRÉSIDENT DE LA RÉPUBLIQUE?

# AUX OUVRIERS.

## FAUT-IL NOMMER LOUIS-NAPOLÉON

### PRÉSIDENT DE LA RÉPUBLIQUE?

C'est dans un mois que nous choisirons le président de la République, et je vous avoue que cela me tourmente fort; j'ai peur, faut-il le dire, grand'peur d'avoir la main malheureuse; il me semble que c'est une loterie, où pour un billet gagnant on a mis bien des perdants; que faire, cependant?

Je suis un républicain de vieille date, bien que je ne porte pas encore barbe grise; il y a longtemps, bien longtemps, si cela avait dépendu de moi seul, qu'on aurait envoyé Louis-Philippe rejoindre ses cousins les Bourbons; aussi m'en suis-je donné à cœur-joie quand est venu février; mais, je commence à le voir, chasser un roi n'est faire qu'une moitié de la besogne et pas encore la plus difficile; l'embarras commence quand il faut s'organiser. Si tout le monde était comme nous, avec bon bras, bon cœur et bonne volonté, on s'entendrait facilement; mais il y a grand nombre de gens qui trouvent leur intérêt à tout embrouiller; laquais et courtisans, aristocrates et exploiteurs, il leur faut un maître qui nous tonde, un berger qui nous mène; si nous consentons à devenir ses moutons, ils seront volontiers ses chiens, à eux la garde du troupeau dont ils auront les os à ronger.

Aussi, à peine était venue notre pauvre République, qu'ils voulaient déjà nous l'enlever.

Pour défendre notre droit, le droit du peuple, que faire aujourd'hui? Faut-il, de nouveau, relever les pavés et noircir de poudre nos lèvres et nos mains? Non; Dieu merci, nous n'y sommes pas encore contraints, le tocsin ne doit plus sonner tant qu'il reste au peuple le moyen d'être le maître, le vrai maître, sans empereur ni roi, rien qu'en mettant un billet dans l'urne.

Tout est là; si nous votons bien, le règne du peuple est proche; si nous votons mal, tant pis pour nos femmes et nos enfants, tant pis pour nos filles et nos sœurs, car il y aura encore des larmes versées, des douleurs pour le peuple et du canon dans nos rues.

Un petit bout de papier sur lequel il y aura un nom, un seul nom, voilà à quoi tient, à l'heure qu'il est, l'oubli de nos misères passées ou le retour de tous les maux que nous avons endurés. Si le nom que nous aurons écrit est celui d'un ami du peuple, d'un vrai républicain, la République ne court aucun danger ; le peuple est vainqueur sans répandre une nouvelle goutte de sang, sans verser une seule larme ; si, au contraire, nous nous laissons tromper par nos ennemis, Dieu seul sait ce qui se passera, mais le peuple aura bien à souffrir.

Et dire que tout cela dépend du nom par nous déposé dans l'urne du scrutin !

Ah ! si nous avions pu nous dispenser de ce vote, si l'Assemblée nationale s'était chargée du soin de choisir elle-même le premier magistrat du peuple, elle nous aurait évité bien des dangers et elle ne se serait pas préparé à elle-même les inquiétudes qui l'agitent déjà ! Il y avait des représentants, et des meilleurs, qui prétendaient que la République n'avait que faire d'un président, que l'Assemblée nationale aurait choisi, et très-bien choisi, son homme de confiance, lui disant : Prends qui tu voudras pour t'aider, nomme les ministres qui t'obéiront, et avec eux tu seras chargé de faire exécuter les lois que je rends au nom du peuple; si tu fais bien, si la loi est respectée, le peuple content et la République heureuse, je te conserverai le plus longtemps possible; si tu fais mal au contraire, si tu ne prends pas pour ministres des hommes de bien, point pillards, ni égoïstes, ni ambitieux, je te renverserai d'un mot et le peuple te châtiera. De cette façon le président, qui n'aurait plus été que le premier commis de l'Assemblée, n'aurait pas cherché à la contrecarrer en rien ; partant, on se serait entendu et tout n'en aurait que mieux marché. Pourquoi n'a-t-on pas voulu ?

Mais la Constitution est maintenant discutée, amendée, votée, proclamée; il n'est plus temps de voir comment on aurait dû s'y prendre; il faut nous sauver nous-mêmes en choisissant à la République un bon président, républicain du fond du cœur et pas du tout disposé à faire jamais un roi ou un empereur, ni rien de semblable, car la France n'en veut plus, et elle a bien raison.

Savons-nous bien tous ce que sera un président de la république, ce qu'il aura à faire et comment il pourrait, au lieu de nous servir, devenir, s'il était mauvais, un ennemi dont nous aurions grand'peine à nous débarrasser ? Le président, mais en y regardant bien et d'un peu près, ce sera un véritable roi, roi à bail s'entend et pour quatre ans, mais enfin il aura tous les pouvoirs de la royauté ; il nommera les ministres, les ambassadeurs, les préfets, les maires et les gardes champêtres ; il choisira les juges, gros ou petits, qui seront bons si le président n'est pas trop mauvais, et qui continueront à nous juger, à nous condamner comme par le passé si nous avons mal choisi. C'est encore le président qui nommera les officiers et les généraux pour faire la guerre aux ennemis de la France s'il est bon républicain, ou pour nous tomber dessus à l'occasion s'il est homme à vouloir devenir roi ou empereur. Il aura des palais et des courtisans, des flatteurs et 600 mille francs à leur distribuer, sans compter ni les bureaux de tabac ni les emplois de toute sorte, gros ou petits.

Si, muni de tant de moyens, il est animé de mauvais vouloirs, s'il a plein arsenal de projets contre la République et grand désir de changer en trône son fauteuil de président ; à moins que Brutus ne l'arrête en route, nous aurons fort à faire pour l'empêcher.

Mais on a sans doute songé à tout cela ? Dites-moi qui l'on veut nous donner, quel sera notre Washington ? Quel est le nom que l'on entend crier sur nos places et dans nos rues ; de qui le portrait, les bustes et les médailles que l'on distribue partout ; quel est l'homme, le grand homme enfin que l'on nous propose ? C'est sans doute un politique de grande expérience, un habile administrateur qui connaît tous nos besoins ? — Non point, il n'entend rien à tout cela. — Alors c'est un grand capitaine, vieilli sous le harnais, habile à conduire l'armée, qui a confiance en lui ; si de nouvelles coalitions s'élevaient contre nous, il porterait haut l'épée et le drapeau de la France ? — Mais non. — C'est donc un grand orateur, puissant par sa parole, il conciliera et dirigera les partis, il entraînera les masses ardentes ; par son éloquence, il précipitera ou calmera à son gré les hommes et les choses ? — Pas le moins du monde. — Qu'est-il donc enfin ? — Ce qu'il est : l'ombre d'un souvenir, l'écho d'un nom, le neveu de Napoléon, auquel il ressemble comme feu le duc d'Angoulême à son aïeul Henri IV.

C'est enfin, puisqu'il faut dire son nom, le héros aventurier de Strasbourg et de Boulogne, le chevalier du tournoi d'Eglington, le police-man volontaire de Londres, le prince Charles-Louis - Napoléon Bonaparte. On l'appelle *le prince*, ainsi font ses flatteurs et ses courti-sans : il en a ; ses colporteurs et ses agents, et il n'en manque pas ; ils le nomment bien ainsi : *le prince Louis.*

*Le prince !* Dans une république démocra-tique, *un prince !* Pour gouverner une na-tion qui veut des réformes sociales, *un prince !* Si on nous avait dit cela en février, alors qu'il n'y avait plus ni nobles ni princes d'aucune sorte, Caussidière aurait eu beau placarder ses affiches et tambouriner ses proclamations, nous n'aurions pas abattu nos barricades, et si *le prince* avait encore voulu devenir président ou consul, empereur ou roi, nous lui aurions dit : Voyez ces pavés entassés, c'est là la couronne que la République réserve aux ambitieux ; mais nous n'aurions pas eu besoin de lui en dire si long. Je crois même qu'on ne lui a rien dit du tout quand il est venu, dans les premiers jours de mars, voir s'il ne pouvait pas prendre la place encore chaude de Louis-Philippe ; il a dû com-prendre cela tout seul : aussi, sans rien réclamer, il s'en est allé rejoindre ses bons amis les aristocrates d'Angleterre.

Pourquoi donc est-il revenu? Croirait-il par hasard que, découragés par les jours mauvais que nous venons de traverser, nous laisserions escamoter Février comme feu Juillet? Songerait-il sérieusement à devenir un nouveau Louis-Philippe, sous un autre nom; à nous faire toujours recommencer le vieil air monarchique ou constitutionnel qui finit par une ritournelle de coups de fusil? Non pas; les temps sont changés, le peuple veille, et celui qui viendrait à bout de tromper sa légitime défiance ne tarderait pas à s'en repentir. Nous avons eu assez de rois, d'empereur, de consuls; nous ne voulons plus de maître d'aucune sorte, n'importe le nom, qu'il s'appelle Bourbon, d'Orléans ou Bonaparte, cela nous est égal; le vrai, le seul maître en France maintenant, c'est le peuple, c'est tout le monde, et tant pis pour qui ne voudrait pas reconnaître ce souverain-là; devant lui, les rois s'en vont, les grands s'inclinent et les ambitieux ne parviendront pas à le détrôner.

Pour séduire notre légitime orgueil, on nous parle batailles et conquêtes : soit; mais la gloire impériale ne peut pas prévaloir contre la gloire du peuple. Et qui donc d'ailleurs, en dehors du peuple, peut réclamer l'héritage de cette gloire? Serait-ce M. Louis Bonaparte, qu'était-il alors? Un enfant. La grande renommée de son oncle ne peut lui être comptée pour quelque chose, et ce rapprochement ne peut servir qu'à montrer la différence immense qui existe entre M. Louis et l'homme dont il revendique l'héritage.

A Sainte-Hélène, Napoléon mourant pour avoir étouffé la liberté de son pays, s'écriait : « Avant cinquante ans d'ici, l'Europe sera républicaine ou cosaque. » Confier les destinées de la France à la faiblesse, à l'inexpérience et à l'orgueil du neveu de l'Empereur, devenu l'allié de la Russie, ce serait faire la France et l'Europe cosaques, et nous voulons qu'elles soient républicaines, c'est-à-dire grandes et indépendantes, intelligentes et libres de toute tyrannie.

M. Bonaparte voudra bien ne pas se fâcher trop fort si nous le traitons un peu vivement, ce n'est pas nous qui sommes allés le chercher, c'est lui qui est venu nous trouver, nous demander nos voix. Avoir été nommé représentant ne lui a pas suffi, maintenant il veut être président, l'an prochain c'est sans doute l'empire qu'il briguera. Les honneurs lui plaisent, les appointements lui plaisent peut-être aussi : représentant, il touche 25 fr. par jour ; président, il aurait 600,000 fr. par an ; empereur, une liste civile de quelque douzaine de millions serait fort de son gré.

Pourquoi pas, croyez-vous donc que de belles pièces de 20 fr. , à sa propre effigie, toutes neuves et brillantes, soient à dédaigner ? Aux prétendants il faut de l'argent, beaucoup d'argent ; qui sait ce qu'il leur en coûte pour contenter les courtisans qui les entourent, pour payer les flatteurs qui les louent et les voyageurs qui les colportent, pour acheter tous ces dévouements dont ils ont tant besoin ; sans argent, point de succès, et, à ce jeu de prince, quoi qu'on en dise, les plus grosses fortunes s'épuisent vite, et il faut à leur bourse que les gros sous du peuple la viennent abondamment remplir sous forme de bonne et grasse liste civile.

Il est de bonnes gens, cependant, qui s'en vont dire partout : Si le prince est nommé, il payera tous les impôts durant trois ans ; de sa bourse, il acquittera les dettes de la France, et, sous son gouvernement économe et paternel, nous aurons tous de quoi faire nos quatre repas comme au bon vieux temps. M'est avis que si *Son Altesse* était une fois nommée, nous verrions vite toutes ces belles promesses s'évanouir ; et qu'au lieu de tout cela , il nous faudrait, comme par-devant, payer des impôts de plus en plus forts chaque année : et, d'ailleurs, il ne faut pas, en vérité, lui en vouloir ; quand tout son bien y passerait, quand son bon ami Nicolas, l'empereur de toutes les Russies, le bienfaiteur des Polonais, lui donnerait tout l'or que chaque année il retire de ses mines, cela ne lui suffirait point. Il n'y a d'assez riche pour venir à bout de payer toutes nos dettes et toutes nos dépenses que nous-mêmes ; notre travail seul y peut suffire.

Et, loin de songer à se ruiner pour nous, il aurait besoin, ne l'oublions pas, de nous demander : impôts du sel et du tabac, impôts directs et indirects, octrois, douanes et droits réunis ; il lui faudrait encore des nuées de gabelous et de commis pour satisfaire aux exigences de tous ses courtisans. Et, souvenons-nous-en bien : trop longtemps le peuple a marché nu-pieds pour faire rouler les carrosses de ses maîtres.

Si donc nous ne voulons pas être forcés de vider nos poches pour engraisser courtisans et fonctionnaires de toute sorte, nommons pour président un vrai républicain, qui n'ait jamais été ni prince ni prétendant, et qui n'ait ni l'envie ni la puissance de le jamais devenir; nous lui dirons alors : Citoyen Président, nous t'avons choisi pour ménager notre bourse, qui n'est pas trop pleine, tâche de rogner chaque année quelques millions à tous ces gros mangeurs de budget, qui dévorent la sueur du peuple; que leur table soit un peu moins luxueuse, et la viande et le vin paraîtront quelquefois sur la nôtre; que leurs hôtels soient moins grands et moins somptueux, et nos mansardes seront plus salubres, moins chaudes l'été, moins froides l'hiver; que les commis du peuple souverain soient un peu moins riches, et le peuple souverain sera un peu moins pauvre.

Mais le moyen de diminuer la misère des pauvres, de faire que notre monde aille un peu moins de travers et cesse de rétribuer plus grassement ceux qui ne font rien que ceux qui travaillent, n'est pas d'élever à la présidence un prince, le protégé des Russes et des Anglais, un homme qui ne demande cette suprême magistrature que pour en faire l'escabeau d'un trône qu'il veut restaurer.

On dit que nous calomnions *le prince,* qu'il

a déclaré ses intentions, qu'il ne sait pas dissi-
muler, qu'il n'est point un ambitieux et que,
loin de vouloir devenir empereur, il a toujours
été un bon républicain, un démocrate ardent
et sincère.

Un prince démocrate, c'est rare ; un républicain ·prince, ce n'est pas commun : aussi par
quels moyens ne nous engage-t-on pas à ne pas
nous priver de cette bonne fortune! Cela ne
rappelle pas mal toutes les belles choses que l'on
disait de Louis-Philippe en 1830 : C'est un bon
prince, il vit comme un simple bourgeois; pas
fier et bon citoyen; bon père, il aime ses enfants; il fait lui-même le compte de son cuisi-
nier, de son tailleur et de son bottier. Tout cela
sentait peu son altesse, son Bourbon : comme
il devait ménager nos écus, et pourtant ce prince
économe, ce brave père de famille nous a vidé
nos poches et nos goussets, il a tout pillé, tout
gaspillé, et si les créanciers de la France ne lui
font pas de frais à l'heure qu'il est, c'est qu'ils
savent bien que la République est fière et tra-
vailleuse et qu'elle aimerait mieux ne plus man-
ger que du pain sec plutôt que de faire banque-
route.

M. Louis Bonaparte est un bon républicain.
C'est juste, ça ; il a toujours voulu la Répu-

blique. Dès 1832 il la demandait, pour la marier, il est vrai, avec son cousin le duc de Reichstadt qui se mourait et dont il était, à ce qu'il paraît, le plus proche et le légitime héritier. A cette époque il a fait une Constitution, une vraie Constitution modèle, telle qu'il en voudrait accorder, octroyer une au peuple français. Ah ! la belle et bonne Constitution ! rien n'y manque, on y trouve de quoi satisfaire à tous les goûts : d'abord un *Empereur de la République française.* Hein ! voilà qui sonne bien. C'est, ma foi, dommage, grand dommage que nos représentants, au lieu de faire la Constitution qu'ils viennent de discuter, amender, voter, décréter et proclamer, n'aient pas songé à remettre leurs pouvoirs au prince Louis, et à le supplier de vouloir bien leur donner son avis napoléonien. Il aurait mis par écrit son improvisation, puis il serait venu la lire à la tribune de l'Assemblée nationale, et après un magnifique discours de cinq lignes prononcé d'une voix très-émue, le bon prince ! l'Assemblée nationale, votant d'enthousiasme et comme un seul homme, aurait dit et décrété : *Le prince Charles-Louis-Napoléon Bonaparte, Empereur de la République française!* Quel beau début pour une déclaration des droits de l'homme et du

citoyen ! Puis, adoptant tout naturellement la
Constitution de M. Louis Bonaparte, on aurait
eu toutes ces merveilleuses choses qu'elle contient pour le bonheur du peuple : *un gouvernement monarchique;* puis *la personne
de l'empereur, qui est inviolable* tout
comme l'étaient Louis-Philippe et Charles X;
l'empereur eût fait la loi d'accord avec le sé-
nat et la chambre des tribuns du peuple, tout
comme Louis-Philippe et Charles X avec leurs
pairs et leurs députés; l'empereur aurait reçu
une belle et bonne liste civile, dont on aurait
eu le soin de fixer le montant à l'avance, au
commencement de son règne, pour empêcher
que, dans un moment de misère publique, quelque tribun du peuple avare, mal-appris et républicain ne vînt lui serrer les cordons de sa
bourse sous le prétexte séditieux de soulager
le populaire. Dans cette Constitution il y a encore une garantie de bon gouvernement: quand
l'empereur meurt, on prend pour le remplacer
celui de ses parents que l'on veut, dans le cas
où son héritier direct se trouve être par trop
manchot, mais on ne sort pas de la famille. On
comprend bien en effet que nul ne peut avoir
assez de génie s'il ne descend de l'un des illus-

tres frères, neveux ou arrière-petits-cousins du grand homme.

Je comprends maintenant la conduite prudente de MM. Thiers, Barrot, Molé et compagnie, tous ces vieux et sincères républicains qui, par pur dévouement pour la nation, consentaient à être les ministres de Louis-Philippe. Ils font bien d'aller au prince Louis, il leur donnera tout ce qu'ils voulaient, tout ce qu'ils regrettent de n'avoir pu mettre dans la Constitution. Ils s'entendront au mieux avec le président Louis pour nous faire une véritable charte de 1830, une charte-vérité. Aussi, quand nous aurons deux chambres, un empereur de la République, et une garde impériale *pour faire la police de Paris,* pour empoigner les idéologues, les démocrates et les socialistes, la confiance renaîtra, les banquiers et les agioteurs recommenceront leurs usures et leurs tripotages ; alors les aristocrates de l'armée, de la banque et de la boutique iront en carrosse aux bals et aux festins de la cour. — Et le peuple ? — Le peuple, mais il continuera de travailler quand on voudra bien lui donner de l'ouvrage, et il payera les impôts et les droits réunis, il deviendra souple et bien obéissant, et il aura soin de

ne pas se montrer devant les aristocrates de peur
de leur faire, par ses blouses factieuses et ses
haillons séditieux, songer à l'égalité, cette me-
nace terrible qui rend maintenant leurs jours
sans repos, leurs nuits sans fêtes.

Aussi, comme tout s'arrange, comme tout se
prépare avec soin! Les vieux royalistes, qui depuis février se tuaient en protestations d'amour
pour le peuple, commencent à parler des char-
mes que pourrait avoir une monarchie nouvelle, un *empereur de la République.*

Leur en vouloir serait mal, en vérité, car si
la République dure, si, par fatalité, elle se dé-
mocratise et se socialise un tant soit peu, je
vous le demande, que deviendront tous ces
braves gens habitués à vivre grassement des
beaux revenus si clairs et si nets que leur fait
le budget? Ce n'est pas une République qui
saurait récompenser dignement les grands ser-
vices qu'ils sont censés nous rendre; au contraire, voyez, on commence à leur rogner les
ongles, et je sais tel malheureux parmi eux qui
pleure sa place, son traitement veux-je dire,
réduit de 25,000 f., le pauvre homme, à 20,000.

Au lieu de cette République économe qu'on
leur rende un empire avec ses dotations, ses
gros traitements et ses titres, ils seront tous

ducs ou barons, et pour peu que nous consentions à leur donner quelque 10,000 francs de plus, ils daigneront en dépenser la moitié pour faire aller le commerce.

Il n'y a pas jusqu'à l'illustre duc d'Isly qui n'y puisse trouver son compte en devenant un de ces jours grand-connétable, s'il ne peut se faire nommer Président pour son propre compte.

Mais nous sommes bien sévères, s'il ne suffit pas au prince Louis, pour prouver qu'il est un bon et brave républicain, d'avoir enfanté cette magnifique Constitution; s'il ne lui suffit pas d'avoir écrit dans les *Idées Napoléoniennes* que « la France républicaine, à défaut d'une aristocratie assez puissante, a besoin d'avoir une famille héréditaire pour la gouverner, » il peut du moins prouver son républicanisme par ses conspirations et ses prises d'armes contre Louis-Philippe. A Strasbourg, n'est-il pas arrivé en empereur? N'est-il pas revenu par Boulogne en se criant à lui-même vive l'empereur, et en se saluant de son chapeau élevé au bout de son épée? Et ces deux aventures si bien terminées : la première en adressant à Louis-Philippe une lettre d'excuses et de remerciement avant de partir pour l'Amérique, pendant que l'on jugeait et que l'on condamnait ses amis; et la seconde par ce procès en cour des pairs où il priait ses juges de ne pas le confondre avec les ouvriers des faubourgs de Paris !

Ah ! vraiment, convenons-en, il faudrait être bien mal intentionné pour ne pas déclarer que le prince Louis est un bon républicain, un franc démocrate ; à vrai dire, on pourrait même le soupçonner d'être un peu socialiste.

Le prince Louis socialiste ! Eh ! n'a-t-il pas autrefois publié un petit livre dans lequel il proposait d'enrégimenter les ouvriers comme des soldats, avec des prud'hommes pour sous-officiers ? on leur aurait fait des ateliers nationaux de défrichements ; dans l'industrie il y aurait encore eu des prud'hommes recevant, comme ceux de l'État, double paye, et servant d'intermédiaires entre les maîtres et les ouvriers ; car, le prince veut qu'il y ait toujours des maîtres.

Les prud'hommes plaisent au prince ; dans son livre des *Idées napoléoniennes*, quand il parle de l'amour de l'empereur pour les ouvriers, pour preuve il apporte la création des prud'hommes, il rappelle aussi toutes les lois faites alors pour régler les rapports des maîtres et des ouvriers entre eux. Puisque c'est là sa manière de rendre le peuple heureux, il n'est pas mal d'examiner ces beaux modèles qu'il se propose de suivre pour notre bonheur, de voir un peu comment sous l'Empire on entendait protéger les intérêts des travailleurs, les droits du peuple.

D'abord les prudhommes. Pour juger les contestations sans cesse renaissantes entre maîtres et ouvriers, l'empereur institua les conseils de prud'hommes, tribunaux spéciaux qu'on aurait dû nommer à bon droit les conseils de guerre de l'industrie. Les maîtres seuls pouvaient être prud'hommes, aussi leur intérêt leur commandait de prendre toujours le parti du maître et cela au grand détriment des ouvriers; et cet état de choses, qui a duré jusqu'à la révolution de février, a été une des causes de l'abaissement continuel du salaire.

Une autre loi de l'Empire : il y a dans le Code civil un article 1781 qui dit que, dans une contestation entre maître et ouvrier, en désaccord sur ce qui est dû pour salaire, le juge doit s'en rapporter au serment du maître; et tant pis pour l'ouvrier si le maître fait un faux serment; l'ouvrier n'est pas assez riche pour que l'on s'en rapporte à lui, quand bien même il jurerait devant Dieu et devant les hommes de dire la vérité.

Une troisième loi de l'Empire, *toujours en*

*faveur des ouvriers*, c'est la loi sur les coalitions (art. 414 et 415 du Code pénal). Par cette loi, les coalitions de maîtres sont punies d'un emprisonnement qui ne peut pas durer plus d'un mois, quand on les atteint; et les ouvriers, eux, sont condamnés à cinq années de détention et dix années de surveillance. Combien de pauvres ouvriers, en vertu de cette loi paternelle, ont payé de leur liberté, de leur santé, de leur vie même leur courage à défendre les intérêts de leur corporation contre les exigences des maîtres !

Et la loi des livrets, cette loi qui oblige chaque ouvrier à remettre à son maître un livret, pour que le maître (suivant le rapport du comte Regnault de Saint-Jean-d'Angély du 11 avril 1810) puisse *le faire reconnaître et le signaler à la police*, qui peut ainsi le soumettre à sa surveillance ni plus ni moins que les forçats libérés. C'est encore le livret qui met l'ouvrier à la discrétion du maître, qui les rend de plus en plus ennemis l'un de l'autre, qui a été la cause de la mise-bas des tailleurs, premier signal des grandes coalitions de 1840.

Ces lois abominables qui sanctionnaient l'exploitation de l'ouvrier par le maître nous viennent de l'Empire; leur exécution a soulevé la colère populaire contre le gouvernement de Louis-Philippe ; et vous, M. Louis Bonaparte , vous qui briguez nos suffrages, vous faites leur éloge , pour toute réforme sociale : vous voulez, sans doute , les rétablir, oubliant qu'elles sont au nombre des causes de la révolution ; vous ne devrez pas être surpris après cela de ne pas avoir le vote d'un seul ouvrier intelligent et démocrate, malgré les cajoleries faites aux délégués du Luxembourg, dont la franchise toute républicaine n'est pas du goût de vos aides-de-camp, malgré même les offres d'argent faites aux associations ouvrières, dédaigneuses d'une assistance ressemblant par trop à une vente de leurs suffrages.

Non, vous ne nous connaissez pas et vous ne voulez pas servir les intérêts légitimes des travailleurs ; les prétendants ont besoin, pour fonder leur pouvoir et le faire durer, de s'appuyer sur des intérêts privilégiés , sur des aristocraties, et voilà pourquoi nous vous préférons un simple républicain , n'importe lequel, pourvu qu'il ne soit pas prince, qu'il n'ait pas été ni ne puisse devenir prétendant, parce qu'il continuera l'œuvre de réforme commencée par la République, en abrogeant ces lois de l'Empire qui consacraient l'inégalité et l'injustice, en remplaçant l'oppression du faible par la protection de la loi; il développera les associations ouvriè-res, reconnaîtra le droit au travail, et préparera ainsi l'avénement de la *République démocratique et sociale* que veut le peuple, et que votre position de candidat des aristocrates vous oblige à repousser; ainsi vous espérez plaire aux conservateurs, à qui vous promettez le maintien de l'ordre; si les conservateurs n'é-taient pas des bornes, comme l'a dit Lamartine, ils devraient bien comprendre que renouveler les fautes et les crimes du passé, c'est préparer de nouveau la guerre civile et nous exposer réellement à l'anarchie, car le peuple qui vient de faire Février n'est pas résolu à laisser réta-blir les abus qu'il a détruits.

Par toutes ces raisons, par beaucoup d'autres encore, nous devons combattre la candidature de Louis Bonaparte; il est, par ses doctrines comme par la tradition de sa famille, l'adver-saire des réformes sociales que nous voulons tous, le serviteur de l'aristocratie, l'ennemi de la République.

C'est avec les propres livres de M. Louis, avec ses écrits, ses actes, que nous combattons ses prétentions; il n'a pas le droit de se plaindre, si nous prouvons ainsi qu'il veut renverser la

République pour établir une monarchie nouvelle, dont il aspire à être le chef, l'empereur.

En vain il nous fera dire par ses prôneurs
que, depuis la République, il est devenu républicain ; nous sommes forcés, malgré toutes les
déclarations du monde, de n'y pas croire.
Quoi! libre, en pays étranger, quand il pouvait
tout dire, sans crainte d'être puni ni atteint par
la colère des rois, il ne cherchait rien autre
chose que d'apporter à la France une royauté
nouvelle pour sa famille, pour sa propre personne, à l'époque même où Paris, Lyon, etc.,
se couvraient de barricades, sur lesquelles les
vrais républicains tombaient en combattant la
monarchie pour la défense des droits du peuple.
Alors M. Louis conspirait aussi, lui; oui, mais
en prétendant, au nom des droits de sa race,
en réclamant la France comme son héritage ;
mais, à ce titre-là, Henri V pourrait se dire
républicain tout aussi bien que lui; et maintenant, pour récompense de son passé, il veut
être président de la République.

Mais la République n'est pas pour nous un
mot vide de sens, une enseigne menteuse pour
tromper la nation. Nous ne voulons pas, nous,
d'une République avec un empereur, avec deux
chambres, avec une aristocratie, avec des pri-

viléges. La République que nous voulons, c'est la République de la liberté, de l'égalité, entendez-vous, et de la fraternité. La République, pour nous, c'est le gouvernement du peuple par lui-même dans tout ce qu'il peut faire directement, et par ses représentants pour tout le reste. C'est là la vraie République, celle qui réalisera les réformes sociales réclamées si légitimement ; et cette République ne ressemblera en rien à celle des consuls, à celle de l'empereur, à celle du prince Louis.

Et, nous le répétons, quand il le déclarerait lui-même sur tous les tons, quand il en ferait serment, nous ne pourrions ni le croire républicain, ni, par conséquent, en faire un président. Comment, nous autres bonnes gens du peuple, comme disent les princes, nous qui sommes démocrates, révolutionnaires et socialistes, nous avons grand'peine à avoir confiance dans les anciens amis, les anciens ministres de Louis-Philippe, les anciens royalistes blancs, bleus ou tricolores, quand ils viennent nous affirmer qu'ils sont meilleurs, plus sincères et plus ardents républicains que nous, sans doute parce qu'ils le sont depuis moins longtemps ; nous hésitons à les croire, eux qui n'étaient autrefois et ne peuvent être à l'avenir que dé-

putés, préfets ou ministres, et qui peuvent
l'être, nous le voyons, tout aussi bien sous la
République que sous un roi : et M. Louis Bonaparte, le neveu de l'homme qui a renversé la
première république, qui a lui-même passé sa
vie à chercher les moyens de se faire empereur,
qui, jusqu'à présent, n'a cessé d'intriguer pour
atteindre ce but, malgré le peu de succès de ses
ridicules et grotesques échauffourées, il pré-
tendrait nous en imposer à ce point de lui confier la direction de notre République naissante!
Il faudrait vraiment que la tête nous eût tourné,
que la République fût trahie par notre cœur et
par notre intelligence pour que nous agissions
ainsi.

Une preuve incontestable du danger qu'il y
aurait à le nommer, c'est qu'il a l'appui de tous
les ennemis de la République, de tous ceux qui
la combattent ou qui l'ont combattue. Ils sont
pour lui parce que, disent-ils, l'oncle est venu
mettre fin à la première république, qui avait
fait dans le monde tant et de si grandes choses,
et, malgré tout son génie, il a préparé sans le
vouloir, assuré sans le comprendre, le retour
des Bourbons, la Restauration; et le neveu,
qui n'a ni plus de prévoyance, ni plus de génie,
il faut bien en convenir, ne pourra pas davan-

tage résister à une Restauration nouvelle quand, aidé par nous, par tous les réactionnaires, il aura étouffé la nouvelle République avant qu'elle ait pu devenir assez forte pour être invincible.

Tel est le raisonnement de tous les ennemis du peuple, le secret de ces voix qui viennent, les unes tout haut, les autres tout bas et honteusement, appuyer cette candidature ennemie de la liberté, de la démocratie, de la République.

Pour le montrer plus clairement, cherchons quels sont les journaux bonapartistes : à leur tête *la Presse*, le journal de M. Émile de Girardin ; journal et rédacteur sont bien connus, personne ne les prendra pour républicains ; à défaut de Joinville, Bonaparte convient au journal monarchique, à l'écrivain... royaliste, qui se prétendait, à bon droit, la veille même de Février, le défenseur le plus dévoué de Louis-Philippe. La révolution n'a rien changé de ce côté-là, *la Presse* est toujours l'ennemie de la République : sous le gouvernement provisoire ses excitations ont manqué amener des scènes de trouble, et, sans l'intervention courageuse du préfet de police d'alors, il y aurait eu correction populaire. Depuis, ce journal a-t-il

changé? son rôle est resté toujours le même :
guerre à mort à la révolution.

Et *le Constitutionnel*, ce vieux patriarche
des journaux soi-disant libéraux, il a été longtemps à se décider, il a eu bien du mal à nommer l'élu de son cœur, enfin il l'a fait connaî-
tre, et maintenant sa vieillesse se rajeunit, il
lui faut à son bonnet de coton l'emblématique
bouquet de violettes. Il va renoncer à ses feuil-
letons socialistes et il publiera prochainement
les véridiques mémoires des cantinières de
l'Empire.

Un autre journal vient de ressusciter tout
exprès pour soutenir la candidature de M. Louis,
c'est *la Liberté*, qui n'a jamais eu de républicain que son titre. Que dire maintenant de
toute cette cohue de petits journaux, changeant
de nom chaque matin, à peine connus de leurs
vendeurs eux-mêmes? Voilà la presse ouverte-
ment bonapartiste.

Puis, viennent les feuilles qui n'appuient qu'à
moitié, qui ne veulent pas se compromettre ;
celles-là, de tout temps opposées au peuple,
aux mains de la réaction, acceptent le prince
au nom de l'ordre, comme transition, comme
passage de la démocratie, dont elles n'ont jamais

voulu, à la monarchie, qu'elles n'osent pas encore redemander.

Malheur à ces factions impies qui, pour rétablir un passé dont la France ne veut plus, un passé que la France combat depuis 60 ans, ne reculent pas devant des intrigues qui peuvent nous ramener tous les dangers, toutes les calamités de la guerre civile! Qu'elles le sachent bien, la constitution républicaine de la France sera défendue par tous les républicains, par ceux qui la veulent rendre de jour en jour plus démocratique, plus sociale, comme par ceux qui l'appuient sans réserve, telle qu'elle est. Le danger existe, nous ne voulons pas le grossir, mais le nier serait ridicule : que la minorité aristocratique et réactionnaire qui cherche à faire de Louis Bonaparte un drapeau monarchique nous comprenne bien.

Pour repousser la candidature de M. Bonaparte nous n'agissons point par passion, nous cédons à de graves raisons, et, quiconque lui donnera sa voix n'aura plus le droit de se dire socialiste ou démocrate, ni républicain; ce ne sera pas même un patriote, car de son vote peut naître la guerre civile.

Chers concitoyens, je vous ai signalé franchement et résolument un candidat que nous devons tous repousser ; je voudrais pouvoir maintenant vous désigner celui que je crois le plus propre à bien conduire la République, à maintenir les principes démocratiques de notre Constitution nouvelle et à en déduire prudemment et hardiment tout à la fois les grandes conséquences sociales dont elle contient tous les germes ; mais mon nom vous est trop inconnu, ma voix trop peu puissante pour que je puisse espérer vous amener à déposer dans l'urne un billet semblable au mien.

Ce que j'ai voulu, c'était vous signaler un candidat dangereux par son nom, ses idées et son entourage. Vous connaissez les opinions, les actes, la vie tout entière de chacun de ses concurrents : choisissez donc hardiment, la main sur la conscience, celui d'entre eux que vous croirez le meilleur, celui reçu par vos amis comme tel. Certes il importe que le premier président de la République soit républicain de cœur et d'âme ; mais pourvu qu'il soit tel, jamais il ne deviendra un danger pour la démocratie, un marchepied pour arriver à une monarchie dont nous ne voulons pas, quelle qu'elle soit, quelle qu'elle puisse être.

Gardons-nous bien de nous abstenir de déposer dans l'urne un bulletin qui ne porte pas de nom ; celui qui agirait ainsi donnerait une chance de plus à l'homme que nous repoussons. Pour être élu, le président doit obtenir la moitié plus un des votes émis ; si donc personne ne manque à se rendre à sa section et à y voter, il faudra un plus grand nombre de voix pour être nommé. Il pourrait bien arriver par là et par la division des suffrages qu'aucun candidat n'ayant obtenu ni la majorité absolue ni les deux millions de voix exigées, il n'y eût rien de fait. Dans ce cas là, ce serait l'Assemblée elle-même qui choisirait le président, ce serait peut-être, c'est là, à mon avis, le meilleur. D'abord, j'en ai la confiance, l'Assemblée nationale ne donnerait pas la présidence de la République à un prétendant, elle qui vient d'établir une Constitution républicaine, elle ne peut vouloir que le Président détruise son œuvre ; ensuite, la nomination du président de la République étant faite par l'Assemblée nationale elle-même, il en résulterait un retour à l'unité de pouvoir que nous voulons tous pour rendre notre patrie plus puissante.

Nommé par le peuple, un président qui voudrait devenir empereur aurait trop de pouvoir pour mal faire ; au contraire, choisi par l'Assemblée, il sera forcé d'être démocrate, de vouloir tout ce que voudra la nation, contre laquelle il ne pourra rien sans être renversé par l'Assemblée.

Pour me résumer en deux mots, chers concitoyens :

Pas de Bonaparte, pas de prétendant ;

Que tout le monde vote ;

Que chacun donne sa voix à qui lui paraîtra le meilleur et le plus dévoué à la Révolution.

ALEXANDRE LAMBERT.

www.ingramcontent.com/pod-product-compliance
Lightning Source LLC
Chambersburg PA
CBHW061310050726

47594CB00004B/1633